LA RUTA

BIENESTAR

Un Viaje Hacia la Salud Mental

Evelyns J. Espinosa

TABLA DE CONTENIDO

CONCLUSIÓN

SOBRE LA AUTORA

Introducción

Este es el comienzo de tu viaje hacia una vida más equilibrada y plena. El cuidado de nuestra salud mental debe ser una prioridad en nuestras vidas, no algo que se considere opcional. "La Ruta del Bienestar: Un Viaje hacia la Salud Mental" es una guía diseñada para ayudarte a navegar por el complejo, pero interesante, terreno de la mente humana, proporcionándote herramientas, técnicas y reflexiones que te acompañarán en tu camino hacia una vida más satisfactoria. Este ebook ofrece un enfoque integral que combina datos psicológicos sólidos con estrategias prácticas para el autocuidado.

¡Tu bienestar emocional es valioso, asegúrate de darle la atención que merece!

Entendiendo la Salud Mental

1

Explora los fundamentos de la salud mental,

incluyendo los factores que influyen en nuestro

bienestar emocional y psicológico

Definición y Significado

La salud mental, desde una perspectiva psicológica, se define como un estado de bienestar en el que el individuo experimenta un equilibrio positivo en los aspectos cognitivos, emocionales y conductuales de su vida, por lo que es capaz de afrontar el estrés diario, tiene una percepción positiva de sí mismo y de su entorno. No se trata solo de la ausencia de trastornos mentales, sino de un estado óptimo de funcionamiento emocional, psicológico y social.

LAS DIMENSIONES QUE INFLUYEN EN EL BIENESTAR

Aspectos Cognitivos

Claridad Mental: Una mente sana es flexible, permite el cambio y es adaptativa cuando así se requiera También implica la autoestima, que es la percepción positiva de uno mismo y de sus capacidades. Estos procesos influyen en cómo percibimos, pensamos, aprendemos y recordamos.

Aspectos Emocionales

Control Emocional: La capacidad para regular las emociones de manera efectiva, ser adaptativo, evitando reacciones extremas que puedan interferir con el bienestar diario.

Aspectos Conductuales

Vínculos Saludables: La capacidad para formar y mantener las relaciones interpersonales, de forma satisfactoria. Habilidades sociales, como la empatía y la comunicación, son fundamentales.

Adaptación: Establecer y alcanzar objetivos personales, así como mantener los hábitos que promuevan el bienestar general, como una rutina equilibrada de sueño y ejercicio.

Aspectos Sociales y Ambientales

Integración Social: La capacidad de integrarse y participar activamente en la comunidad y en las relaciones sociales.

Entorno de Apoyo: Una red de relaciones positivas y recursos adecuados. Contar con el acceso a servicios de salud mental, que promuevan el bienestar psicológico.

Prevención y Autocuidado

Prevención Activa: No solo se trata de manejar problemas cuando surgen sino adoptar prácticas preventivas. Esto incluye el autocuidado y la búsqueda de apoyo cuando sea necesario. Además del autoconocimiento y el crecimiento personal.

Datos Psicológicos Claves

Prevalencia de los Trastornos Mentales

Según datos de la OMS, de cada 4 personas, 1 experimentará un trastorno mental en algún momento de su vida. Esto nos sugiere que los trastornos mentales son comunes y afectan a una parte considerable de la población global.

A pesar de que en la actualidad existen tratamientos efectivos, la mayoría de las personas con trastornos mentales no tienen acceso a la atención necesaria y muchas veces enfrentan estigmatización y discriminación.

Los trastornos mentales incluyen una amplia gama de condiciones, tales como:

Trastornos del estado de ánimo: como la depresión y el trastorno bipolar.

Trastornos de ansiedad: incluyendo el trastorno de ansiedad generalizada, fobias y trastorno obsesivo-compulsivo.

Trastornos psicóticos: como la esquizofrenia.

Trastornos de la conducta alimentaria: como la anorexia y la bulimia.

La prevalencia de trastornos mentales puede estar influenciada por diversos factores, incluidos:

Genética: Predisposición hereditaria a ciertos trastornos.

Factores Ambientales: Experiencias adversas, trauma o abuso.

Factores Biológicos: Desequilibrios neuroquímicos o alteraciones en la estructura cerebral.

Aspectos Psicosociales: Estrés prolongado, falta de apoyo social y situaciones socioeconómicas difíciles.

Factores Culturales: En algunas culturas, puede haber una falta de reconocimiento o estigmatización de los trastornos mentales, lo que puede llevar a la negación, el ocultamiento de síntomas y la falta de ayuda profesional.

Trastornos con mayor prevalencia en la población

26 % Depresión – 28 % Ansiedad

Prevalencia Global: A nivel global, la OMS estima que alrededor del 5% de la población adulta padece de depresión y aproximadamente el 7% sufre de trastornos de ansiedad.

Variabilidad: Las estadísticas pueden variar ampliamente dependiendo de la metodología de los estudios, el acceso a servicios de salud mental y la capacidad para realizar diagnósticos precisos.

Estadísticas Globales

Las estadísticas sobre trastornos mentales varían significativamente entre países debido a factores como el acceso a la atención médica, el estigma social y las diferencias en la prevalencia de trastornos mentales. La Organización Mundial de la Salud (OMS) proporciona datos globales, pero las cifras exactas por país pueden ser más difíciles de obtener y pueden variar dependiendo de la fuente y del año.

Para más información puedes visitar la página de Organización Mundial de la Salud OMS

Beneficios del Cuidado Proactivo

Invertir tiempo y recursos en la salud mental ofrece múltiples beneficios

El cuidado de la salud mental mejora la capacidad para desempeñarse en diversas áreas de la vida, como el trabajo, las relaciones interpersonales y las actividades cotidianas. Las personas que se cuidan proactivamente suelen experimentar una mayor productividad y mejor capacidad para afrontar desafíos.

El tratamiento y el apoyo temprano pueden ayudar a gestionar y reducir los síntomas de trastornos mentales, evitando que estos interfieran en la vida diaria. Esto incluye terapias psicológicas, medicamentos y técnicas de manejo del estrés. Promover la salud mental y el cuidado proactivo contribuye a reducir el estigma asociado a los trastornos mentales. Una mayor conciencia y educación en salud mental pueden fomentar una sociedad más comprensiva y solidaria.

Estrategias para el Bienestar Diario

2

Descubre prácticas y técnicas efectivas para mantener y mejorar tu bienestar día a día, desde la gestión del estrés hasta hábitos saludables que favorecen una vida equilibrada.

Vida Equilibrada

En un mundo lleno de demandas, estrés diario y dificultades, es esencial encontrar prácticas que nos ayuden a mantener el equilibrio y la armonía en nuestro día a día. Las estrategias para el bienestar diario serán las herramientas y hábitos que nos servirán para reducir el estrés, fomentar la salud mental y mejorar nuestra calidad de vida. Al incorporar técnicas de relajación, adoptar hábitos saludables y gestionar el estrés de manera efectiva, podemos crear un entorno más positivo y resiliente.

Técnicas de Relajación

Meditación Mindfulness

La meditación te ayuda a estar presente en el momento y a reducir la ansiedad. Encuentra un lugar tranquilo y cómodo donde puedas sentarte sin distracciones. Cierra los ojos y enfócate en tu respiración, notando cómo el aire entra y sale de tu cuerpo. Si siente que tu mente comienza a divagar, gentilmente redirige tu atención de vuelta a la respiración. Puedes usar un mantra, palabra o frase que repetirás mentalmente, y que te ayudará a mantenerte centrado.

La práctica diaria, incluso de solo 10 minutos, puede hacer una gran diferencia en tu estado mental.

Existen muchos videos que te guiarán y te ayudarán a practicar estas técnicas.

Respiración Profunda

Respiración profunda diafragmática, o también conocida como respiración abdominal, es una técnica fundamental para el manejo del estrés. Para realizarla de manera correcta puedes acostarte o sentarte en una posición cómoda. Coloca una mano en tu abdomen y la otra en tu pecho.

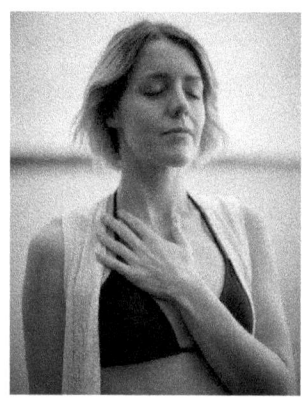

Inhala lentamente por la nariz, asegurándote de que el abdomen se expanda mientras relativamente el pecho permanece quieto. Mantén el aire durante unos segundos y luego exhala despacio por la boca, sintiendo cómo se contrae el abdomen. Repite este proceso durante unos minutos, enfócate en el ritmo de tu respiración.

Relajación Muscular Progresiva

Esta técnica implica tensar y luego relajar sistemáticamente cada grupo muscular para liberar la tensión acumulada. Comienza con los músculos de los pies y avanza hacia la cabeza. Contrae los músculos de un grupo, mantén la tensión durante unos segundos, luego trata de relajarte completamente. Observa la diferencia entre la tensión y la relajación.

Visualización

Es una técnica en la que imaginas un lugar o escenario que te produzca tranquilidad, para inducir la relajación. Puede ser dirigida por un profesional a través de audios, videos, o puedes hacerlo de forma autónoma. Siéntate o recuéstate en un lugar cómodo donde no te interrumpan. Cierra los ojos y respira profundamente, esto te ayudará a relajarte y a concentrarte.

Visualiza un entorno que te resulte relajante, como una playa, un bosque o un jardín. Imagina los detalles sensoriales como el sonido del agua o la sensación del sol. Trata de experimentar el sitio con todos tus sentidos. Quédate en este estado durante unos minutos y permite que la calma del entorno imaginado se refleje en tu estado emocional.

Música Relajante

La música relajante puede ser utilizada para inducir un estado de calma y reducir el estrés. Suele ser música suave, instrumental, o con sonidos naturales que tienen un efecto tranquilizador.

Presta atención a la música, sintiendo sus matices y cómo afecta tu estado de ánimo. Evita distracciones para poder sumergirte completamente en la experiencia. La música relajante puede disminuir el ritmo cardíaco, reducir la presión arterial y calmar la mente, contribuyendo a un estado general de bienestar.

Técnica de Liberación Emocional

También conocida como tapping, es un método que combina la estimulación de puntos de acupresión con la focalización en problemas emocionales. Es útil para reducir el estrés y la ansiedad. Reconoce el problema o la emoción que deseas liberar.

Formula una frase que describa el problema y agrega una afirmación positiva (frase de preparación).

Ubica los puntos de tapping: Los puntos comunes son el lado de la mano, el área superior del labio, el centro de la frente, y el área debajo de los ojos. Usualmente, se utilizan los dedos de una mano para golpear suavemente estos puntos. Golpea suavemente cada punto mientras repites la frase de preparación.

Hábitos Saludables

Ejercicio Regular

Procura realizar regularmente actividades físicas. Además de los beneficios físicos como el fortalecimiento cardiovascular y muscular, el ejercicio libera endorfinas, neurotransmisores que elevan el estado de ánimo y reducen el estrés. Intenta incorporar al menos 30 minutos diarios de ejercicio moderado, como caminar, nadar o montar en bicicleta. Encuentra una actividad que disfrutes para que el ejercicio se convierta en una parte agradable de tu vida.

Alimentación Balanceada

Incluye una variedad de alimentos ricos en nutrientes, como frutas, verduras, granos enteros, proteínas magras y grasas saludables. Los nutrientes esenciales como los ácidos grasos omega-3, vitaminas del complejo B y antioxidantes juegan un papel crucial en el mantenimiento de la salud cerebral y emocional. Además, mantenerse bien hidratado es fundamental para la función cognitiva y el bienestar general.

Sueño de Calidad

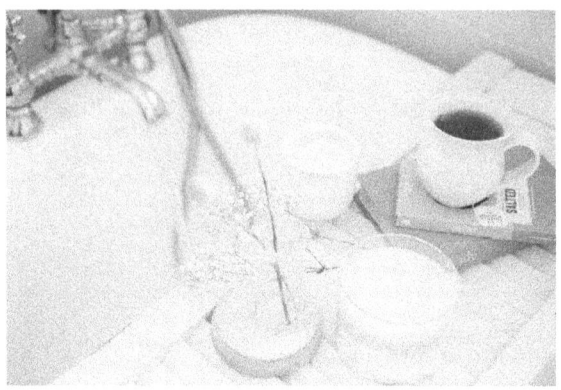

Un buen sueño es esencial para la recuperación física, al igual que la mental. Establece una rutina de sueño regular, y trata de acostarte y levantarte a la misma hora todos los días. Crea un ambiente propicio para el sueño en tu dormitorio: mantén la habitación oscura, fresca y tranquila, y evita las pantallas electrónicas al menos una hora antes de acostarte. Si tienes dificultades para dormir, considera técnicas de relajación antes de ir a la cama, como leer un libro o tomar un baño caliente.

Gestión del Estrés

Técnicas de Resolución de Problemas:

Enfrentar los problemas de manera estructurada puede reducir la sensación de agobio. Comienza identificando el problema y divídelo en partes más pequeñas y manejables. Genera una lista de posibles soluciones y evalúa los pros y los contras de cada una. Luego, elige la solución que te parezca más efectiva y crea un plan de acción para implementarla. Mantén una actitud flexible y ajusta tu plan según sea necesario, aprendiendo de cada experiencia.

Tiempo para el Ocio:

Dedicar tiempo a actividades que disfrutes es crucial para el equilibrio mental. El ocio te permite desconectar del estrés diario y recargar energías. Ya sea que prefieras leer, escuchar música, practicar un hobby o pasar tiempo con amigos y familiares, asegúrate de reservar momentos en tu agenda para estas actividades.

El tiempo libre no solo mejora tu estado de ánimo, sino que también puede aumentar tu creatividad, ayudarte a mantener una perspectiva positiva.

Reflexiones y Crecimiento Personal

3

Sumérgete en el proceso de autoexploración y desarrollo personal, aprendiendo cómo las reflexiones y el autoconocimiento pueden impulsar tu crecimiento emocional y mental.

Autoevaluación y Reflexión Profunda

El camino hacia el crecimiento personal comienza conociendo nuestras emociones, pensamientos y patrones de comportamiento, nos permite entender mejor nuestras necesidades y aspiraciones. Este proceso de introspección nos permitirá reforzar la resiliencia, así como enfrentar los desafíos de manera constructiva.

En esta sección, exploraremos cómo la autoevaluación puede iluminar nuestro camino hacia el bienestar y cómo construir una mentalidad positiva y rodearse de una red de apoyo sólida puede fortalecer nuestra capacidad para crecer y prosperar.

Construir Resiliencia

Enfrentamiento Positivo

Una mentalidad positiva juega un papel crucial en el desarrollo de la resiliencia. Aprende a ver los desafíos como oportunidades para crecer y aprender. En lugar de enfocarte en las dificultades, intenta identificar las lecciones y las oportunidades que pueden surgir de cada situación. Tratar de mantener un enfoque más optimista y proactivo en tu vida diaria.

Red de Apoyo

Rodéate de personas que te comprendan, te animen y te ofrezcan apoyo emocional. Las relaciones saludables, ya sean familiares, amigos o mentores, proporcionan un espacio seguro para expresar tus preocupaciones y recibir consejo. Establece y nutre conexiones significativas que te ayuden a mantener el equilibrio emocional y a enfrentar los desafíos con mayor fortaleza. La interacción social positiva también puede ofrecerte nuevas perspectivas y estrategias para gestionar el estrés.

Diario de Bienestar

Mantener un diario de bienestar es una herramienta poderosa para el autoanálisis y el crecimiento personal. Dedica unos minutos cada día para escribir sobre tus emociones, pensamientos y experiencias. Reflexiona sobre lo que ha ido bien, los desafíos que has enfrentado y cualquier progreso que hayas notado. Este registro te permitirá identificar patrones en tu estado emocional y comportamiento, facilitando la identificación de áreas que podrían necesitar ajustes o mejoras. Además, revisar tus anotaciones periódicamente puede ayudarte a apreciar tu evolución personal y a celebrar tus logros.

Preguntas Reflexivas:

La reflexión personal es clave para entender tus emociones, motivaciones y metas.

Tómate un tiempo para hacerte preguntas profundas y honestas sobre tu vida. Pregúntate cómo te sientes en diferentes áreas, como tu trabajo, relaciones personales e identifica qué aspectos te generan estrés y busca patrones en lo que te hace sentir feliz. Al comprender mejor tus propias reacciones y emociones, podrás tomar decisiones más informadas sobre los cambios que deseas implementar en tu vida para lograr un mayor bienestar.

Diálogo Interno Positivo

El diálogo interno positivo se refiere a la práctica de tener una conversación contigo mismo que sea alentadora, amable y constructiva. Es el proceso de cambiar los pensamientos autocríticos y negativos por afirmaciones y pensamientos que te apoyen y motiven.

Cómo Desarrollarlo:

Identificación de Pensamientos Negativos:

Presta atención a los momentos en los que te criticas o dudas de ti mismo. Estos pensamientos pueden ser sobre tus habilidades, logros o tu valor personal. A veces, los pensamientos negativos se basan en creencias limitantes adquiridas a lo largo del tiempo.

Reemplazo con Pensamientos Positivos:

Crea afirmaciones que te resulten verosímiles y útiles. Por ejemplo, en lugar de pensar "No soy lo suficientemente bueno para este trabajo," usa "Tengo habilidades y cualidades que me han llevado a donde estoy hoy, y estoy en constante mejora.

Enfócate en Logros y Fortalezas:

Recuerda tus éxitos pasados y fortalezas personales

Haz una lista de tus logros y habilidades y revísala cuando necesites un impulso de confianza.

Sé Amable Contigo Mismo:

Trata de hablarte a ti mismo de la manera en que hablarías a un amigo querido. Evita el lenguaje duro o crítico y en su lugar utiliza palabras que reconozcan tus esfuerzos y tu humanidad.

Acepta los Errores y Fracasos:

Entiende que los errores son parte del proceso de aprendizaje. En lugar de castigarte por ellos, reflexiona sobre lo que puedes aprender y cómo puedes mejorar en el futuro.

Práctica Diaria:

Dedica Tiempo a la Reflexión. Establece un momento del día para reflexionar sobre tus pensamientos y asegurarte de que sean positivos. Puedes hacerlo al final del día, antes de dormir, o al comenzar el día.

Exploración de Nuevas Perspectivas

Lectura y Aprendizaje Continuo

Expande tu conocimiento y perspectivas a través de la lectura, cursos en línea, y la participación en talleres. Aprender sobre diferentes temas y enfoques puede proporcionarte nuevas ideas y herramientas para abordar tus propios desafíos y objetivos.

Experiencias Diferentes y Reflexión sobre la Diversidad

Exponte a diferentes culturas, ideas y experiencias. Hablar con personas de diversos antecedentes, escuchar sus historias puede ofrecerte una visión más amplia del mundo y ayudarte a comprender mejor tu propio lugar en él.

Viajar es una de las formas más efectivas de exponerse a diferentes culturas. Al visitar estos lugares y participar en sus costumbres, puedes experimentar de primera mano cómo viven y piensan las personas en diferentes contextos.

Recursos Adicionales

4

Encuentra una selección de recursos útiles, incluyendo libros, aplicaciones y opciones terapéuticas que pueden complementar tu viaje hacia el bienestar y ofrecer apoyo adicional.

Apoyos para el Viaje

En esta sección, te proporciono una selección de recursos adicionales que pueden ser de gran ayuda en tu camino hacia el bienestar personal y emocional. Ya sea que estés buscando profundizar en tu práctica de mindfulness, explorar nuevas herramientas para la meditación o considerar el apoyo profesional, aquí encontrarás recomendaciones que te apoyarán en tu viaje hacia una vida más equilibrada y consciente.

Explora libros que ofrecen sabiduría y estrategias prácticas, aplicaciones diseñadas para facilitar la meditación y la gestión del estrés, y opciones para contactar con profesionales capacitados que pueden brindarte asistencia personalizada. Estos recursos están diseñados para complementar y enriquecer tu experiencia, proporcionando herramientas valiosas y apoyo en cada paso del camino.

Libros Recomendados

"El Poder del Ahora" por Eckhart Tolle

Este libro es un clásico en el ámbito del crecimiento personal y la espiritualidad. Explora el concepto de vivir en el presente como una forma de alcanzar la paz interior y superar el sufrimiento emocional. A través de un lenguaje accesible y una profunda sabiduría, Tolle ofrece herramientas para soltar las preocupaciones del pasado y las ansiedades sobre el futuro, promoviendo una vida más plena y consciente.

"Mindfulness en la Vida Cotidiana" por Jon Kabat-Zinn

Es uno de los pioneros en la práctica de mindfulness. En este libro, se presentan técnicas y ejercicios para integrar el mindfulness en las actividades diarias. A través de prácticas sencillas, pero efectivas, enseña cómo cultivar una mayor conciencia y aceptación en la vida cotidiana, lo que puede llevar a una reducción significativa del estrés y mejor calidad de vida.

Aplicaciones Útiles

Calm

Es una aplicación destacada en el ámbito de la meditación y el manejo del estrés. Proporciona meditaciones guiadas, además de historias para dormir y sonidos relajantes que ayudan a reducir el estrés y mejorar la calidad del sueño. Adicional, ofrece programas de meditación y ejercicios de respiración que pueden ser personalizados según las necesidades individuales. Puedes ajustar el idioma en las configuraciones de la aplicación.

Headspace

Es otra aplicación popular diseñada para hacer que la meditación y la atención plena sean accesibles para todos. Ofrece una variedad de meditaciones guiadas que se adaptan a diferentes niveles de experiencia y objetivos, como reducir el estrés, mejorar el enfoque o fomentar el sueño reparador. La aplicación incluye diferentes recursos sobre técnicas de respiración y complementos prácticos de meditación diaria. Disponible en español y otros múltiples idiomas.

Contacto Profesional

Buscar ayuda profesional es una decisión valiente y valiosa cuando se enfrentan desafíos emocionales o psicológicos. Los psicólogos, consejeros, terapeutas, entre otros profesionales, están ahí para ofrecerte ayuda especializada y estrategias adaptadas a tus necesidades personales. Si sientes que necesitas orientación adicional, enfrentas desafíos emocionales persistentes o simplemente explorar nuevas formas de crecimiento personal, consultar con un profesional puede proporcionarte el apoyo y las herramientas necesarias para avanzar con mayor claridad y confianza.

En esta sección, te ofrezco una guía sobre cómo encontrar y seleccionar a los profesionales adecuados para cada situación.

Psicólogos

Especializados en el diagnóstico y los tratamientos a seguir para los problemas emocionales y mentales.

Algunas terapias que se pueden aplicar son la cognitivo-conductual y la psicoterapia, además de otros enfoques basados en evidencia para tratar diversos problemas de salud mental.

Consejeros

A menudo trabajan en un contexto de asesoramiento, ayudando a personas a manejar situaciones específicas o hacer cambios en sus vidas. Pueden proporcionar apoyo en áreas como la toma de decisiones, el desarrollo personal y las relaciones interpersonales.

Terapeutas

Una variedad de profesionales que cuentan con diferentes enfoques y especializaciones, como la terapia de arte, la terapia ocupacional y la terapia familiar. Pueden ofrecer apoyo basado en técnicas y teorías específicas adaptadas a las necesidades del cliente.

Como Elegir al Profesional más Adecuado

Evaluar la Naturaleza del Problema

Trastornos Mentales Graves: Si enfrentas trastornos mentales severos, trastorno bipolar, o depresión mayor, un psiquiatra puede ser la opción más adecuada. Los psiquiatras, siendo médicos, pueden prescribir medicamentos y ofrecer un tratamiento médico integral.

Problemas Emocionales y de Relación: Si estás lidiando con dificultades emocionales, conflictos interpersonales o estrés, un psicólogo o un consejero puede ser útil. Estos profesionales se especializan en terapias que abordan una amplia gama de problemas emocionales y conductuales.

Desarrollo Personal y Metas: Si buscas mejorar aspectos específicos de tu vida, como la realización personal o profesional, un coach de vida puede ofrecer orientación para alcanzar tus objetivos.

Identificar el Tipo de Apoyo Necesario

Terapia y Psicoterapia: para apoyo emocional y terapias basadas en el diálogo.

Apoyo en Grupo: Si prefieres compartir tus experiencias con otros en una situación similar. Pueden ofrecer un entorno de empatía y apoyo mutuo.

Considerar la Experiencia y la Especialización del Profesional

Formación y Certificación: Asegúrate de que el profesional esté adecuadamente capacitado y certificado en su área.

Experiencia Relevante: Verifica la experiencia del profesional en el tratamiento de problemas similares al tuyo.

Enfoque Terapéutico: Cada profesional puede tener un enfoque diferente. Los psicólogos pueden utilizar terapias cognitivo-conductuales, mientras que los psiquiatras combinan tratamientos médicos con psicoterapia. Conocer el enfoque del profesional te ayudará a elegir el que mejor se adapte a tus necesidades.

Evaluar la Compatibilidad y el Estilo de Trabajo

Relación Terapéutica: La compatibilidad personal y profesional con el terapeuta es clave para una relación efectiva.

Enfoque y Métodos: Asegúrate de que el enfoque y los métodos del profesional se alineen con tus expectativas y necesidades. Algunos pueden adoptar un enfoque más orientado a soluciones, mientras que otros se centran en el análisis profundo.

Elegir el profesional adecuado implica una comprensión clara de tus necesidades y una evaluación cuidadosa de las habilidades y especializaciones de cada profesional. Al considerar estos puntos, podrás encontrar la ayuda que mejor se adapte a tus circunstancias y objetivos.

CONCLUSIÓN

Enhorabuena por haber llegado al final del recorrido de este viaje destinado a tu bienestar mental. Al integrar las estrategias y reflexiones presentadas en esta guía, estarás mejor preparado para enfrentar los desafíos y disfrutar de una mejor calidad de vida. Recuerda, el bienestar mental es un viaje continuo, cada paso que tomes por pequeño que sea te acercará a un estado de equilibrio y satisfacción. Te animo a implementar lo aprendido y a ser paciente contigo mismo.

¡Mis mejores deseos para ti!

Sobre la Autora

Evelyns J. Espinosa es psicóloga, con más de 12 años de experiencia en el sector organizacional. Ha colaborado con empresas líderes en el mercado como, consultoras de recursos humanos, consumo masivo y publicitarias.

Con una profunda curiosidad de conocer cómo funciona la mente humana, Evelyns ha unido sus dos grandes pasiones, la psicología y la escritura.

En esta guía, comparte su experiencia y su perspectiva, proporcionando recursos y herramientas valiosas que buscan no solo informar, sino también inspirar y motivar a cada lector en su camino hacia un equilibrio integral y un éxito duradero.

Con un enfoque accesible, la autora aspira a ser una fuente de apoyo en el viaje hacia el crecimiento y la realización personal.

"LA MENTE ES UN JARDÍN

TUS PENSAMIENTOS SON LAS SEMILLAS.

ELIGE BIEN QUE PLANTAS"

Proverbio Hindú